ISBN 978-3-89835-706-7

Idee: Jörg Hilbert & Felix Janosa / Musik, Songs und Musikproduktion: Felix Janosa
Text, Zeichnungen, Layout und Umschlaggestaltung: Jörg Hilbert
Lektorat: Michaela Paller / Herstellung: Brigitta Keul / Notensatz: Prima Nota, Korbbach
Druck und CD-Herstellung: optimal media production, Röbel
Aufführungsmaterial beim Verlag erhältlich:
Terzio Verlag, Heilmannstr. 15, 81479 München (www.terzio.de)
Ritter Rost Homepage: www.ritterrost.de
Printed in Germany
– Originalausgabe –

9. Auflage 2010

Jörg Hilbert / Felix Janosa

Ritter Rost feiert Weihnachten

Musical für Kinder

terzio

Kekse backen in der Weihnachtszeit

Text: Hilbert, Janosa / Musik: Janosa

Draußen war es kalt und leise rieselte der Schnee auf die Zinnen der Eisernen Burg. Nur in der Burgküche war es gemütlich warm, denn es wurde gerade gebacken.
»Kein Weihnachtsfest ohne Zinnsterne«, verkündete der Ritter Rost. »Nur schade, dass wir keinen größeren Baum haben.«
»Ich finde ihn wunderschön«, sagte das Burgfräulein Bö. »Und hat ihn unser Koks nicht hinreißend geschmückt?«
»Koks nascht!«, krähte ihr sprechender Hut zur Antwort.
»Alte Petze!«, knurrte der Drache.

Plötzlich kam Ratzefummel, der königliche Hofschreiber, in den Hof geritten und entrollte ein Schriftstück um es vorzulesen. »Ein königlicher Weihnachtsgruß zur gefälligen Kenntnisnahme!«, verkündete er. »Unser in seiner unvergleichlichen Weisheit so schlau erklugter König Bleifuß der Verbogene lässt wissen, dass er den allgemeinen Verfall der Weihnachtssitten herzlich beklagt. Um dem entgegenzuwirken, fordert er seine Ritter auf, mit gutem Beispiel voranzugehen und auf ihren Burgen *vorbildliche* Weihnachten zu veranstalten.«
»Was meint der bloß damit?«, wunderte sich Bö.

Sei ein Vorbild!

Text: Hilbert / Musik: Janosa

»Übrigens«, schloss Ratzefummel, »wird es sich König Bleifuß der Verbogene angelegen sein lassen, die Einhaltung dieser Aufforderung persönlich zu überprüfen. Auf Wiedersehen, die Herrschaften – und besinnlichen Festtag allerseits!« Dann ritt er davon.
»Klotzen, nicht kleckern«, bemerkte Bös sprechender Hut noch, »der König kommt zum Meckern«, – da klopfte es bereits.
»Das wird er doch nicht schon sein?!«, rief der Ritter Rost.

Aber es war nur Gitta Rost, seine Tante.
»Hallo Kinder«, plapperte sie aufgeregt, »ich habe die freudige Nachricht bereits vernommen. Da muss natürlich alles stimmen, wenn der König kommt. Und deshalb habe ich zu eurer großen Freude beschlossen, euch zu helfen.«
»Danke«, sagte Bö, »das schaffen wir schon allein.«
Aber da war Gitta schon an ihr vorbei und rückte die Bilder gerade.
»Prima, Tantchen!«, rief der Ritter Rost freudig.
»Ausgerechnet die«, stöhnte Koks. »Die quasselt doch immer so viel.«

Wenn der König zu uns kommt

Text: Hilbert / Musik: Janosa

Gitta sah sich kopfschüttelnd um und sagte: »Dachte ich's mir doch: keine Spur von einem *vorbildlichen* Weihnachtsfest bei euch. Und was ist das für eine alterskranke Trockenblume dort?«
»Unser Weihnachtsbaum«, erklärte Bö stolz. »Koks hat ihn ganz allein geschmückt. Ist er nicht wunderschön?«

»Ganz und gar nicht«, sagte Gitta, warf den Baum kurzerhand aus dem Fenster und befahl ihrem Neffen, einen neuen zu kaufen. »Und denk daran: je größer, desto besser«, sagte sie. »Schließlich soll es ein *vorbildlicher* Weihnachtsbaum sein.«
»Bin schon unterwegs!«, rief der Ritter Rost, sattelte Feuerstuhl, sein heißgeliebtes Ross, und machte sich auf zum Weihnachtsmarkt.

Vorwärts, halt das Geld bereit!

Text: Hilbert / Musik: Janosa

Hier gab es alles, was man so braucht: dramatisch preisreduzierte Kanonenkugelentsafter mit praktischer Telefonhörerhalterung. Pieksfreie Reißzwecken aus Vorzugskaugummi im Sonderangebot. Ausverkaufs-Mausefallen-Reparatursets in formschöner Edelverpackung für den preisbewussten Rittersmann.
Und natürlich Weihnachtsbäume in allen Größen.

SEHR TEUER

Bald war der Ritter mit einem Baum zurück, der so vorbildlich war, dass man ihn schon fast nicht mehr tragen konnte.
»Gut gemacht, Rösti«, lobte seine Tante. »Und jetzt sollten wir mal langsam was Leckeres für die Gäste kochen.«
»Gäste?!«, rief Bö erschrocken. »Welche Gäste?!«
»Kein Weihnachtsfest ohne Gäste«, erklärte Gitta, »jedenfalls wenn es *vorbildlich* sein soll. Aber keine Sorge, Kindchen, ich habe schon alle eingeladen. Sie müssten gleich da sein.«

Und bevor Bö protestieren konnte, hatte sie bereits eine Schürze um den Hals und wurde von Tante Gitta in die Küche geschubst.
»Koche, koche, Kuchen«, kreischte der sprechende Hut, »der König kommt besuchen«, – da klopfte es zum zweiten Mal.

»Das ist er schon!«, rief Gitta erschrocken, eilte zur Tür, öffnete sie und fing gleich an zu schnattern: »Entschuldigen Sie vielmals, Majestät! Wir wollten nämlich gerade …«
Aber es war nur Koks, der den Schlüssel vergessen hatte.

»Ich habe schon mal die Geschenkchen aus meinem Geheimversteck geholt«, sagte er. »Darf ich sie unter den neuen Baum legen?«
»Diesen Kleinkram doch nicht!«, rief Gitta spöttisch. »Unter einen *vorbildlichen* Weihnachtsbaum wie unseren gehören auch *vorbildliche* Geschenke. Ganz, ganz viele – und richtig dicke Dinger. Rösti?!«
»Bin schon unterwegs!«, rief der Ritter Rost und ritt zurück zum Weihnachtsmarkt.

N S

Dann kamen auch schon die Gäste, lauter hungrige Leute:
Strickliesel Gräfin Schreck von der Schraube in Begleitung des Abenteurers Redeblech van der Pieke, der berühmte Dichter Flexameter und viele andere, die niemand kannte und die eigentlich auch niemand eingeladen hatte.
»Die Köchin müsste gleich so weit sein«, begrüßte sie Tante Gitta.
»Sie möchte sich bitte beeilen«, sagten die Gäste ungeduldig, »wir haben nämlich Hunger!«

Tu den Topf auf den Tisch

Text: Hilbert / Musik: Janosa

Stolz führte Gitta die Gäste in den Rittersaal, um ihnen den neuen Weihnachtsbaum zu zeigen. »Ist er nicht *vorbildlich?«,* fragte sie.
»*Entsetzlich* vorbildlich«, knurrte Koks. »Darf ich wenigstens die Kerzen mit meiner Feuerspucke anzünden?«
»Nicht nötig«, antwortete Gitta, »ist nämlich alles elektrisch und völlig ungefährlich! Für Feuer, Ofen, Kerzen, Licht braucht man kleine Drachen nicht! Und jetzt geh bitte woanders spielen, du störst.«
»Dann feiert doch einfach ohne mich!«, schimpfte Koks und stapfte beleidigt zurück zu seinem Geheimversteck.

Nie darf man machen, was man will

Text: Hilbert / Musik: Janosa

Die Gäste wurden immer ungeduldiger.
»Hunger, Hunger, Hunger!«, riefen sie und klopften dazu zornig mit ihrem Besteck auf den Tisch.
»Ich bin aber noch nicht fertig!«, rief Bö aus der Küche.
Zum Glück hatte Gitta vorsorglich Roxy Ascheimer engagiert, den singenden swingenden Alleinunterhalter, der die maulenden Gäste mit seiner elektrischen Dampforgel ein wenig ablenkte.

O Bellabimba Schnuckelschnäuzchen

Text: Hilbert, Janosa / Musik: Janosa

Dann war das Essen endlich fertig: Zunächst servierte Bö eine delikate Suppe vom Vorhängeschloss, sodann reichlich Kettensägenpastete auf Tafelsilber mit gedünsteten Speerspitzchen, Musketenfilet, Raketenpüree und viele andere ausgesuchte Köstlichkeiten.
»Ich kann nicht mehr«, stöhnte das Burgfräulein.
»Und was gibt's zum Nachtisch?«, fragten die Gäste.

In diesem Moment kam der Ritter Rost mit den neuen Geschenken zurück: ganz, ganz viele und richtig dicke Dinger.
»Leg sie dort unter den Baum«, befahl Gitta. »Und dann bezahl bitte Herrn Ascheimer. Der gute Mann hat noch Termine.«
»Aber das kann ich nicht mehr«, sagte der Ritter. »Ich habe all mein Geld für den Baum und die Geschenke ausgegeben.«
»Wie kannst du dir nur erlauben, kein Geld zu haben?«, schimpfte Gitta. »Gerade jetzt, wo doch gleich der König kommt!«

Die Gäste wurden immer ungeduldiger. Sie riefen: »Nachtisch, Nachtisch!«, und warfen Bö wütende Blicke zu.
»Hörst du nicht?«, fragte Gitta. »Husch, an den Herd mit dir!«
»Für mich gleich die doppelte Portion«, sagte der Ritter Rost und ließ sich seufzend in seinen Sessel sinken um sich auszuruhen.
»Sonst noch was, der Herr?!«, fuhr ihn Bö an.
»Ja. Bring mir die Pantoffeln, sonst fühle ich mich nicht richtig weihnachtlich.«

Typisch Mann!

Text: Hilbert/ Musik: Janosa

Da klopfte es ein drittes Mal.

»Das ist er«, raunten die Gäste. »Der König kommt!«

»Und es ist kein Nachtisch da«, keifte Tante Gitta. »Na, dann: prost Mahlzeit!« Sie eilte zur Tür, um sie mit einem artigen Knicks zu öffnen, stolperte dabei jedoch über das Kabel für die Elektrokerzen und brachte den riesigen Weihnachtsbaum ins Wanken.

»Wirst du wohl schön vorbildlich stehen bleiben!«, rief sie. Aber der Baum dachte gar nicht daran, sondern stürzte zum allgemeinen Entsetzen mitten in die Weihnachtsgesellschaft.

HILFE

Erst zog ich nach Norden

Text: Hilbert / Musik: Janosa

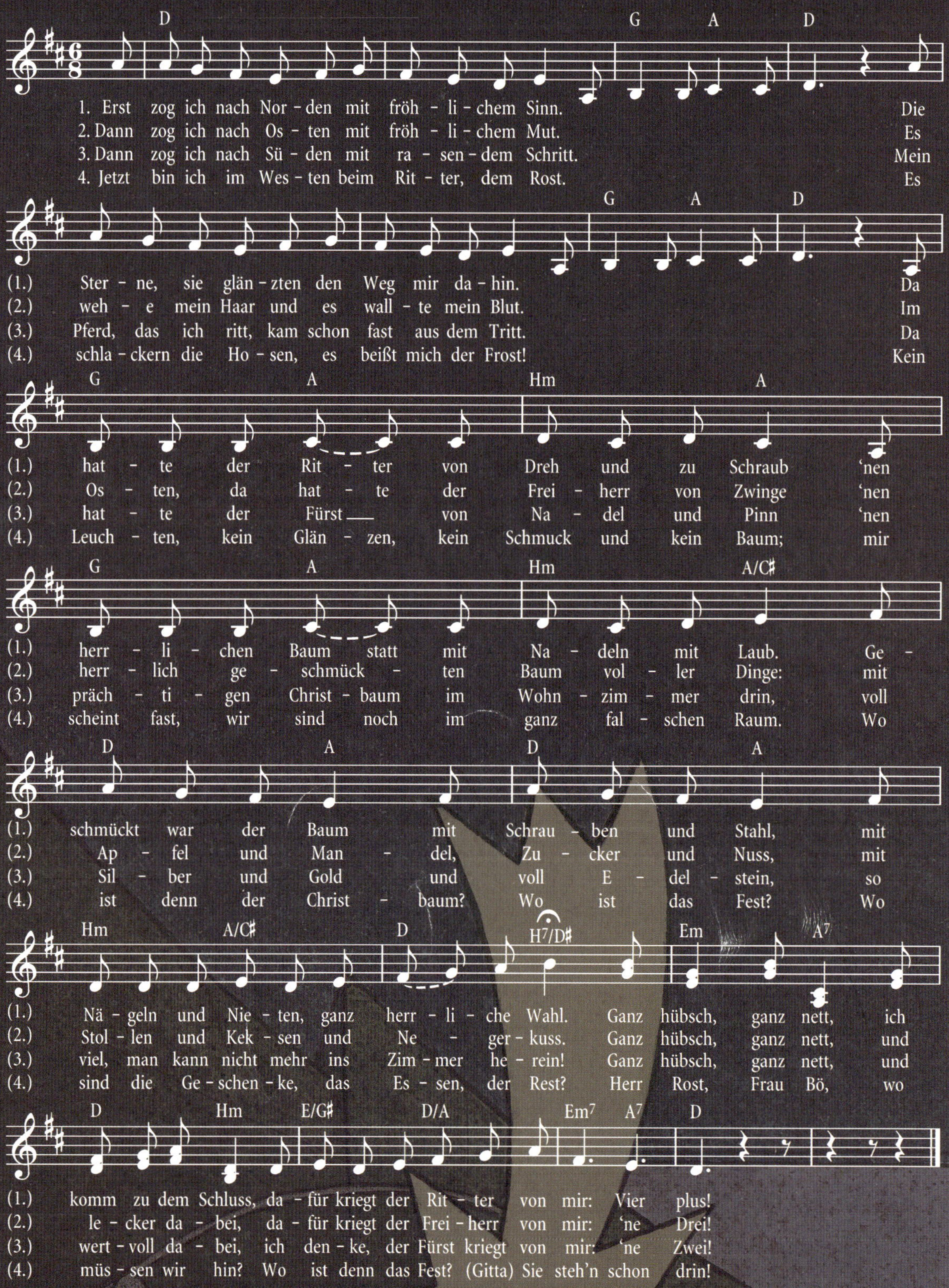

Da trat König Bleifuß ein, gefolgt von seinem Hofschreiber Ratzefummel. »Besinnlichen Festtag allerseits«, wünschte er und sah sich ratlos um. »Ich bin gekommen, um nachzusehen, ob Sie ein *vorbildliches* Weihnachtsfest begehen, Herr Rost. Hätten Sie wohl die Güte, mich hinzuführen?«

»Also …«, stammelte der Ritter hilflos, »das ist so: Wir wollten nämlich gerade … und dann kam … äh …«

»Ri, ra, rutsch«, krächzte Bös sprechender Hut vergnügt, »alles fix und futsch!«

Da stand auf einmal Koks in der Tür.
»Es ist alles vorbereitet«, sagte er mit einer Verbeugung. »Wenn die Herrschaften mir zu meinem Geheimversteck folgen möchten.«
Dann führte er die Gesellschaft in den Stall der Eisernen Burg.

»Da steht ja unser alter Weihnachtsbaum!«, rief Bö gerührt.
»Hab ich gerettet«, sagte Koks. »Und meine Geschenkchen auch. Jeder darf sich eins nehmen – sogar Gitta. Sind Zinnsterne drin.«
»Zinnsterne!«, seufzte der König und seine Augen leuchteten. »Die gab's bei uns früher auch immer! Jedes Kind einen ganzen Teller für sich! Ach, und so ein hübsches kleines Bäumchen! Mit richtigen Kerzen aus Bienenwachs. Ritter Rost, für dieses himmlische Weihnachtsfest bekommen Sie die Note Eins. Mit Sondersternchen.«

»Rösti!«, rief Gitta begeistert und warf sich ihrem Neffen in die Arme. »Ich bin ja so stolz auf dich!«

»Aber es entspricht doch überhaupt nicht den Regeln!«, protestierte Ratzefummel und zog sein Schriftstück hervor. »Hier steht: Zu einem wahrhaft *vorbildlichen* Weihnachtsfest gehört ein großer Baum, Gäste und ganz, ganz viele Geschenke – richtig dicke ...«

»Vergiss es«, sagte König Bleifuß selig. »Radier es einfach wieder aus. Und jetzt sei bitte still, damit wir ein Weihnachtslied singen können.«

Was essen wir am Weihnachtstage?

Text und Musik: Janosa

»Und das Essen?«, fragte das Burgfräulein Bö leise und sah besorgt zu Bleifuß hinüber, der mit Tränen der Rührung in den Augen den Weihnachtsbaum anstarrte. »Ich meine, wir müssen doch noch irgendetwas anderes essen als Kekse. Und ich koche heute jedenfalls nichts mehr.«
»Schon bestellt«, grinste Koks, »und zwar bei Paolos Pizza-Blitz. Ausnahmsweise …«

Paolo mit dem Pizza-Blitz

Text: Hilbert, Janosa / Musik: Janosa

1.) Willst du mit Käse drauf?
Mit Majonäse drauf?
Oder willste nur Salami und Tomaten?
Willst du da Thunfisch drauf,
oder 'nen Huhn frisch drauf?
Auf das Huhn, da musste leider länger warten.

Sach ma, was willze drauf?
Willze mit Pilze drauf?
Oder willze mal probieren Gorgonzola?
Hast du den Hals voll Salz?
Oder viel Durst von Wurst?
Ja, da dann krisse von mir Wasser oder Cola!

2.) Willst du mal Ananas?
Oder mit Bananas?
Was sagen du? Was sagen deine leere Magen?
Will er zusammenklappt?
Mit zwei noch daraufgepappt?
Geb ich dir alles, was ich habe, musst nur fragen.

Hab was aus Nizza da,
und auf die Pizza da,
da tu ich dir jetzt einfach leckere Sardellen.
Mit Muschel, Tintenfisch,
Oliven oder nisch?
Iss mir egal, ich mach es – musst du nur bestellen.

3.) Kannst haben scharf und süß,
mit Nägeln und Gemüs,
kannst haben Schellen, Klammern oder Kopf von Brause.
Kannst haben extra groß,
mit scharfer Messersoß,
kannst haben alles drauf, was ist bei mir zu Hause.

Willst Inbusschlüssel du?
Willst Glocke von der Kuh?
Willst haben Schlüssel oder Schüssel oder Schraube?
Willst haben Messingknauf?
Ich tu dir alles drauf
und bring mit Pizza-Blitz dir alles in die Laube.

Lecker, lecker, diese Kost –
Weihnachtsrezepte von Oma Rost

Zinnsterne
Rösti mochte Zinnsterne schon als Kind und das Rezept ist kein Geheimnis: Man schmelze einen Barren Zinn, schmiede ihn dann gleichmäßig zu einer Platte und säge mit der Laubsäge kleine Sternchen heraus (man kann damit notfalls auch das Dach decken). Die Sternchen kann man ganz nach Geschmack mit einer schmackhaften Legierung aus gequetschten Krawattennadeln bestreichen – fertig. Sollte kein Zinn im Hause sein, kann man sich übrigens auch Ersatz herstellen. Man benötigt dazu:

- 500 g gemahlene Mandeln
- 3 Eiweiß
- 400 g Puderzucker
- 1,5 Esslöffel Zimt
- 2 Esslöffel Kirschwasser
- Zucker zum Ausrollen

Das Eiweiß schlage man zu einem steifen Schnee und rühre den gesiebten Puderzucker darunter. Ein Drittel des Schnees stelle man zur Seite – den Rest mische man mit Mandeln, Zimt und Kirschwasser (ordentlich kneten). Den Teig rolle man dann auf dem Zucker etwa fingerdick aus, steche anschließend die Sterne aus und lege sie auf ein gefettetes Backblech. Dann bestreiche man die Sterne mit der zurückbehaltenen Eiweißmasse. Über Nacht trocknen lassen und dann im Ofen kurz backen (die Oberfläche muss noch weiß bleiben).

Sandplätzchen
Dieses Rezept ist von Suse. Es schmeckt herrlich nach Spielplatz, manchmal mehr nach Klettergerüst, manchmal mehr nach Wippe, je nachdem, wo man den Sand her hat. Die Herstellung ist denkbar einfach: Sand in ein Förmchen tun und auf den Rand des Sandkastens stürzen. Hm, lecker! Im Winter ist der Sandkasten leider oft eingefroren oder zugeschneit. Dann nehme man ersatzweise:

- 125 g Margarine
- 125 g Zucker
- 1 Ei
- abgeriebene Schale einer halben Zitrone
- 1 Päckchen Vanillezucker
- 125 g Mehl
- 125 g Speisestärke

Man verrühre die Margarine mit dem Zucker und dem Ei (am besten mit Rührgerät oder Handrührer). Nach etwa drei Minuten ist die Mischung schaumig – dann den Vanillezucker und die abgeriebene Zitronenschale dazugeben (ersatzweise 3 Tropfen Zitronenaroma). Man vermische das Mehl weiter mit der Speisestärke und siebe alles zu den anderen Zutaten in die Schüssel. Ungefähr zwei Minuten rühren, bis ein glatter Teig entsteht. Mit einem Teelöffel kann man dann kleine Portionen aus dem fertigen Teig nehmen und als Häufchen nebeneinander auf ein eingefettetes Backblech legen. Am besten, man lässt zwischen den Häufchen ein bisschen Platz, weil diese nachher beim Backen noch größer werden und sonst aneinander kleben. Die Plätzchen bei 150 Grad und auf der mittleren Schiene so lange backen, bis sie goldgelb sind. Das dauert ungefähr zehn Minuten – aber Achtung: Jeder Backofen ist anders.

Gekaufte Plätzchen
Gekaufte Plätzchen sind besonders einfach zu machen: Man nehme einen Beutel voller Geldstücke, gehe damit zum nächsten Kaufladen und wähle Plätzchen nach Neigung und Geschmack. Achtung: Das Geld muss unbedingt im Kaufladen bleiben (siehe auch *geklaute Plätzchen*). Wieder zu Hause, vorsichtig die Verpackung öffnen und die Plätzchen herausnehmen – schon fertig. Manche sagen, *gekaufte Plätzchen* sind am leckersten, weil sie so teuer waren. Andere sagen: Aber das kannst du doch nicht ernst meinen, denn *selbstverständlich* schmecken die selbst gemachten viel besser, obwohl sie ganz schwarz und verschrumpelt sind. Und denk doch nur, wie viel Liebe darin steckt!

Gebackene Unterlegscheiben mit Zinnrahm
Ein Rezept von Paul und Jürgen. Eigentlich eignen sich dafür am besten jene Unterlegscheiben, die zur Befestigung von Fahrrad-Felgen verwendet werden. Seit Fahrräder aber aus Gründen des Artenschutzes nicht mehr ausgeschlachtet werden dürfen, mache ich es so:

- 100 g Mehl mit
- 1/8 l Apfelsaft glatt rühren.
- 1 Ei,
- 1 Prise Salz und
- 1 Teelöffel abgeriebene Zitronenschale unterrühren. Teig etwa 20 Minuten quellen lassen.
- 1 Becher (200 g) Schmand mit
- 1 Päckchen Vanillezucker,
- 2 Esslöffel Puderzucker und
- 1 Teelöffel Zimt verrühren und dann kalt stellen.
- 2 Äpfel waschen, schälen, Kerngehäuse mit einem Apfelausstecher entfernen. Jeden Apfel in ca. 6 Scheiben schneiden und mit
- 2 Esslöffel Zitronensaft beträufeln.
- Die Apfelscheiben in den Ausbackteig tauchen.
- 30 g Butter in einer Pfanne heiß werden lassen und Apfelringe von beiden Seiten goldbraun backen.
- Die heißen Apfelringe mit dem Zimtrahm, mit
- 4 Kugeln Vanilleeis und
- mit 4 Esslöffeln Schokosirup verziert auf Tellern anrichten.

Geklaute Plätzchen
Geklaute Plätzchen gehen ganz ähnlich wie *gekaufte Plätzchen*, nur mit dem Unterschied, dass man im Kaufladen statt des Beutels voller Goldstücke eine Pistole vorzeigen muss. Allerdings sind *geklaute Plätzchen* viel ungesünder, weil man nach deren Genuss ins Gefängnis kommt, wo einem die tägliche Bewegung fehlt. Daher ist von diesem Rezept unbedingt abzuraten.

Schrottländer Leckerli
Frau Ulla B. aus M. schickte mir dieses Rezept. Ich selbst backe die Leckerli lieber aus Schmierfett und gestoßenen Bleistiftanspitzerchen – Frau B. empfiehlt hingegen:

- 200g Butter oder Margarine
- 250g Buchweizen, Hirse, Hafer (gemischt und fein gemahlen)
- 100g Quark
- 2 Eier
- 150g Honig
- etwas Milch
- Sesamkörner

Butter mit Quark, Honig und Eiern schaumig rühren. Das Getreidemehl zugeben und gut verrühren. Den Teig auf einem eingefetteten Backblech mit einem Messer glatt streichen.
Mit Milch einstreichen, mit Sesam oder Sonnenblumenkernen bestreuen und diese vorsichtig in den Teig drücken (beispielsweise mit Hilfe eines Backpapiers).
Dann Formen schneiden (Vierecke, Rauten etc.) und die Plätzchen bei ca. 200 Grad 20 Minuten lang backen.

Der klassische Weihnachtskeks
Spröde, staubig, aber aus irgendeinem Grunde trotzdem unglaublich lecker, das ist der *klassische Weihnachtskeks.* Man benötigt dazu 300g feine Bohrspäne (oder Mehl), 100g gemahlene Stoßdämpfer (ersatzweise Zucker) sowie 200g gut eingefahrenes Getriebeöl (Butter geht auch). Mehl und Zucker vermischen, dann die Butter mit einarbeiten. Wer es gerne matschig hat, kann auch noch ein Ei reinhauen. Das Ganze ordentlich durchkneten und mit einem Nudelholz dünn auswalgen (falls es am Tisch festklebt, einfach etwas Mehl darunter tun). Dann mit Förmchen Plätzchen ausstechen und in einem auf 170 Grad vorgewärmten Ofen backen, bis sie goldgelb werden. Danach sind sie eigentlich fertig, aber man kann sie auch verzieren – zum Beispiel mit ungesundem Zuckerguss und ekeligen Lebensmittelfarben.

Die hier abgebildeten, verzierten Beispiele für den klassischen Weihnachtskeks sind von Felix Kress und David Braun.
Vielen Dank dafür an dieser Stelle!

Geschenkte Plätzchen
Ein schottisches Rezept, das auf derselben Grundlage wie *gekaufte Plätzchen* und *geklaute Plätzchen* beruht, allerdings auch den Gedanken des ewigen Kreislaufes mit einbezieht. *Geschenkte Plätzchen* erhält man meist in kleinen knisternden Tütchen, die man so lange weiter verschenken muss, bis man sie wiederbekommt (was drei bis vier Jahre dauern kann). Tipp: Es gehört zum guten Ton, allgemein zu behaupten, dass *geschenkte Plätzchen* am allerleckersten schmecken – selbst, wenn sie alt und pappig oder aus freudlos vor sich hin bröselndem Vollkornteig sind.

Die Zipfelmützen des Weihnachtsmannes
Dieses herzhafte Rezept hat sich der kleine Thomas aus Deganac ausgedacht.
Man braucht dazu eine frisch gepflückte Weihnachtsmann-Zipfelmütze oder:

- 500g gemischtes Hack
- Semmelbrösel
- 1 Zwiebel
- 2 Eier
- Salz und Pfeffer
- Kartoffelbrei (am besten vom Tag zuvor)

Aus Hack, Zwiebeln, Semmelbröseln, Pfeffer, Eiern und Salz knete man einen Frikadellenteig. Daraus forme man dann bierdeckelgroße Nester, die man anschließend so lange bäckt, bis sie fest sind. Die Nester fülle man dann mit einem Klecks Butter. Darüber errichte man einen Kegel aus möglichst steifem Kartoffelbrei. Auf die Spitze des Kegels setze man eine Olive oder auch einen rundlichen Champignon als Bommel. Das Ganze überbacke man, bis das Püree anfängt braun zu werden. Guten Appetit.

Gebacken von Felix Kress und David Braun von der Europäischen Schule in Bergen (Niederlande)

Die CD

1. Kekse backen in der Weihnachtszeit	DEGK20700069	Text: Hilbert, Janosa / Musik: Janosa
2. Sei ein Vorbild!	DEGK20700072	Text: Hilbert / Musik: Janosa
3. Wenn der König zu uns kommt	DEGK20700076	Text: Hilbert / Musik: Janosa
4. Vorwärts, halt das Geld bereit!	DEGK20700075	Text: Hilbert / Musik: Janosa
5. Tu den Topf auf den Tisch	DEGK20700073	Text: Hilbert / Musik: Janosa
6. Nie darf man machen, was man will	DEGK20700070	Text: Hilbert / Musik: Janosa
7. O Bellabimba Schnuckelschnäuzchen	DEGK20700071	Text: Hilbert, Janosa / Musik: Janosa
8. Typisch Mann!	DEGK20700074	Text: Hilbert / Musik: Janosa
9. Erst zog ich nach Norden	DEGK20700068	Text: Hilbert / Musik: Janosa
10. Was essen wir am Weihnachtstage?	DEGK20700077	Text: Janosa / Musik: Janosa
11. Paolo mit dem Pizza-Blitz	DEC710600401	Text: Hilbert, Janosa / Musik: Janosa

ERZÄHLER: Fritz Stavenhagen
BÖ: Patricia Prawit / KOKS: Felix Janosa / RITTER ROST: Björn Dömkes
GITTA ROST: Betty Striewe / KÖNIG BLEIFUSS: Dieter Brink / RATZEFUMMEL: Felix Janosa
PAOLO: Martin Baltscheit / GÄSTE: Janosa, Michaela Drux, Dömkes
CHÖRE: Prawit, Brink, Janosa, Tilo Beckmann / GITARREN: Rolf Marx, Manni Hollaender
BASS: Alexander Morsey / DRUMS: Kurt Billker / SAXOPHON: Jörg Kaufmann
SAXOPHON & FLÖTE: Matthias Erlewein / TROMPETE: Christoph Titz
POSAUNE: Thorsten Heitzmann / PIANO & KEYBOARDS: Felix Janosa
ARRANGEMENTS UND PRODUKTION: Felix Janosa / ERZÄHLTEXT: Jörg Hilbert
AUFNAHME UND MIX: Alex Jacobi, Aachen 2003

Infos zu Ritter-Rost-Aufführungsmaterialien unter www.ritterrost.de